ALCANZA LA SATISFACCIÓN LABORAL

Los secretos para ser feliz en el trabajo

Por Virginie De Lutis

Traducido por Laura Bernal Martín

Coaching en50MINUTOS.es

PARA IR MÁS ALLÁ 32

CÓMO LOGRAR LA SATISFACCIÓN LABORAL

- **¿Problemática?** ¿Cómo conseguir crear una atmósfera de trabajo satisfactoria e ir la oficina despreocupadamente? ¿Cómo encontrar un lugar justo, interesante y gratificante en el marco profesional?
- **¿Utilidad?** Pasamos la mayor parte de nuestro tiempo en la oficina. Por ello, es primordial que sea un lugar donde nos sintamos a gusto y realizados.
- **¿Contexto profesional?** Psicología del trabajo, equilibrio profesional.
- **¿Preguntas frecuentes?**
  - ¿Cuáles son los elementos esenciales que llevan a la satisfacción laboral?
  - ¿Se encuentra esta satisfacción al alcance de todos?
  - ¿Cómo iniciar un cambio positivo?
  - ¿Cómo comunicarme con mi jefe?
  - ¿Cómo alcanzar la satisfacción en un entorno profesional tóxico?
  - ¿Cómo me percibirá mi entorno si vuelvo a dejar mi puesto?
  - Me da miedo que crean que soy extravagante, ¿qué hago?
  - ¿Se puede cambiar de profesión a mitad de la carrera profesional?

En un momento en que la crisis no deja de desmoralizar a los desempleados, se dice que aquellos que tienen un puesto de trabajo tienen mucha suerte. No obstante, esta suerte se vuelve relativa cuando el trabajo en cuestión no es una fuente de satisfacción. Aunque el trabajo marca el ritmo de nuestra vida y ofrece una estabilidad financiera necesaria para todos, este no cubre todas nuestras necesidades personales. Incluso puede suceder que genere un malestar difícil de relativizar y de erradicar.

Sin embargo, vivimos en una sociedad en la que se reconoce que el tiempo de ocio es un derecho, y la armonía entre la vida privada y la vida profesional es incluso un argumento propuesto por ciertos empleadores, que ofrecen la posibilidad de trabajar a distancia o que ofrecen horarios flexibles a sus trabajadores.

Aún es necesario inculcar la noción de la satisfacción laboral. ¿Cuál es el delicado equilibrio que hace que la idea de ir a trabajar por la mañana nos haga sentirnos contentos? ¿Cómo crear nuevos hábitos, fundados en lo que realmente somos, sin que lleguen a desestabilizar a todo el equipo? ¿El valor de un empleado feliz es mayor que el de un empleado desmotivado? ¿Cómo sentirte en tu lugar y darle sentido a tu trabajo? ¿Cómo volver a casa con una sensación de felicidad en vez de con cara de desconcierto? En este libro comentaremos cómo, con diez claves esenciales, la satisfacción laboral está al alcance de la mano.

EL ABECÉ DEL TRABAJADOR SATISFECHO

Idealmente, trabajas en un proyecto que te interesa con un equipo dinámico y respetuoso. Vuelves a casa sereno, lo que te permite disfrutar plenamente de tu vida privada desde el momento en el que sales de la oficina. Suena bien, ¿verdad? Por desgracia, este ideal aún no se corresponde con el día a día de todo el mundo.

El estrés vinculado a la inestabilidad del empleo, la ausencia de replanteamientos o a veces incluso la falta de imaginación, nos hacen perder de vista que todo el tiempo que dedicamos al trabajo es en realidad un tiempo al que cada persona podría dotar de sentido. Por supuesto, algunos aseguran sentirse satisfechos con un buen salario a fin de mes. No obstante, hay que señalar que incluso estos privilegiados buscan, en su mayoría, lograr una satisfacción laboral mayor, más amplia. Porque el dinero no lo es todo.

Determinar aquello que nos hace felices en el trabajo es una misión que puede resultar difícil cuando tenemos que manejar con destreza varios parámetros. Podemos sentir un malestar sin saber explicar de forma precisa de dónde procede el problema. Este se refiere probablemente a un conjunto de objetivos que se contradicen y que se amontonan, por lo que a menudo nos cuesta delimitar sus contornos.

«SÍ, PERO»: EL JUEGO QUE TODO LO FRENA

Si te pregunto «¿Te gusta tu trabajo?», puede que me

respondas «Sí, pero...». El juego psicológico del «Sí, pero...» lo llevó a la gran pantalla Yves Lavandier en una película epónima. En realidad se trata de un concepto creado por Éric Berne, fundador del análisis transaccional. Cuando se utiliza entre dos personas, este juego permite al que comienza de esta forma su frase ocultar sus emociones, ahogarlas en un conjunto cacofónico de ideas contradictorias. El «sí, pero» te mantiene en un estado de víctima, que rechaza las soluciones y que te frena en tu búsqueda de la felicidad.

Indicadores de desmotivación

¿Tienes la suerte de tener trabajo? ¿Incluso estás contento de colaborar en un proyecto que te parece útil o pertinente? Esto ya es una buena base. No obstante, te das cuenta de que padeces ciertos síntomas:

Indicadores de desmotivación
• Estrés en el momento de despertarse • Desánimo ante al comportamiento de algunos de tus compañeros • Aburrimiento ante la idea de realizar tus tareas • Consultas intempestivas al reloj, al calendario de vacaciones, Facebook, etc. • Sensación de acometer proyectos de forma descuidada • Replegado en ti mismo, tendencia a evitar los intercambios entre tú y tus compañeros o tus superiores • Críticas a la empresa y a los colegas • Adormecimiento en las reuniones • Sensación de estar poco valorado o subestimado • Sentimiento de que tus capacidades no se explotan al 100% • Regreso a casa en un estado de agotamiento o de irritación • Imposibilidad de quitarte el trabajo de la cabeza • Etc.

La lista de indicadores de desmotivación puede resultar larga. A poco que estés rodeado de colegas que se encuentren en el mismo estado, no será bueno para la moral. Por ello, mantente alerta, porque el riesgo en este tipo de situaciones radica en que tu estado se deteriore aún más y que entres en un verdadero malestar. Conseguir detectar el origen de tu malestar es la primera etapa hacia el cambio.

Factores de satisfacción laboral

En los trabajadores felices observamos varios factores de satisfacción. Entre ellos, encontramos sobre todo:

<table>
<tr><td align="center">Factores de motivación</td></tr>
<tr><td>

• Darle sentido a lo que hacemos

• Sentirse útil

• Tener la posibilidad de ser creativo

• Poseer poder de decisión

• Progresar personalmente

• Responder a desafíos

• Ser consciente del proyecto en el que colaboras

• Ser valorado por tus colegas y por tus superiores

</td></tr>
</table>

Establece qué objetivos (de esta lista o de otras) son susceptibles de motivarte en tu ámbito laboral. Te resultará más fácil decidir en qué dirección orientar tus esfuerzos.

Fijar tus objetivos

Para poder sentirse satisfecho en el ámbito laboral, muchos asalariados estarían dispuestos a aceptar un sueldo más bajo. Aquí, lo esencial es determinar si el dinero constituye un objetivo en sí mismo, si deseas ganarlo no para vivir, sino para contar con una cuenta bancaria bien abastecida.

También es posible imaginar otros objetivos. Puede que seas alguien a quien le fascine el análisis. ¿Tu gusto por los descubrimientos y por la ingeniosidad de los sistemas te impulsa a superarte? Probablemente necesites un trabajo que te ponga en contacto con temas nuevos, que necesiten reflexión. En este caso, no te conviene un trabajo repetitivo. Elige un empleo que se corresponda con tus aspiraciones. Si te das cuenta de que tus horarios te plantean un problema, puede que tu objetivo sea encontrar uno con horarios flexibles, que respete y valore la vida familiar. Es importante hacer una lista con lo que actualmente te supone un problema para centrar tu atención en las condiciones que necesitas para lograr tu satisfacción, es decir, los objetivos que quieres alcanzar.

EL CONSEJO DE LOS PSICÓLOGOS

Un artículo del *Journal des psychologues* explora los resultados de una encuesta a profesores franceses. La autora, Pascale Desrumaux, aborda la noción del bienestar en el trabajo y afirma que «en el ámbito laboral, los empleadores tienen el deber de garantizar el bienestar de sus asalariados»[1].

El objetivo de una empresa es la rentabilidad. Por ello, vela para lograr la calidad de la productividad. Como esto solo es posible si los asalariados trabajan en un estado de bienestar, es lógico que el empleador lo convierta en una de sus mayores preocupaciones. El bienestar y el malestar son componentes esenciales del éxito o del fracaso de una empresa. Finalmente, esta última es responsable de su empleado y, por tanto, de su estado físico y psicológico.

---

1. Cita traducida por 50Minutos.es

VALORES Y CREENCIAS

Los valores

Los valores reflejan nuestros principios, nuestra visión del bien y del mal en la sociedad. Se expresan por medio de nuestras acciones y de nuestra forma de ser. Para sentirse bien, es necesario evolucionar en un sistema que comparta nuestros valores.

- El respeto de los compromisos con respecto a los clientes.
- Un servicio de postventa de calidad.
- Una cierta tolerancia a los errores de los compañeros.
- La necesidad de progresar, de avanzar.
- Etc.

LO QUE HAY QUE TENER EN CUENTA

Los valores de una empresa se recogen en su estatuto y, sin duda, te los han explicado en la entrevista de trabajo. Tenlos en cuenta antes de integrar un empresa, porque si estás de acuerdo con ellos te sentirás más implicado e interesado. Sin embargo, si aprecias esos valores y te das cuenta de que no se aplican, o que el marco no te permite aplicarlos, puede que sufras por una falta de coherencia entre lo prometido y la realidad.

Las creencias

Mientras que los valores hablan del bien y del mal, las creencias, por su parte, se refieren a lo que tú consideras que es verdadero o falso. Son el resultado de tu recorrido vital (familia, entorno directo, experiencias), pero también de nuestra sociedad. Guían nuestras elecciones y decisiones de forma inconsciente. En una empresa se establece un sistema de creencias. La adaptación ocurre de forma natural si no existe una disonancia entre sus creencias y las nuestras.

Si te sientes tenso o experimentas incomodidad al realizar ciertas tareas, es posible que estés haciendo malabarismos con dos sistemas de creencias demasiado opuestos. Por ejemplo, tú crees que «la unión hace la fuerza» mientras que tu empresa te empuja a ver a tus colegas como competidores. O, incluso, para ti el salario tiene que merecerse y no dudas en hacer muchas horas extra para ganar más, mientras que tu jefe quiere que las primas sean iguales para todos los trabajadores.

Esta oposición de creencias puede instarte a:

- obviar un problema y después darte cuenta de que aparece una y otra vez;
- cambiar tu propio comportamiento y provocar problemas que alcanzan a la esfera privada;
- caer en el cinismo («Es típico en él») o en la autojustificación («No tuve elección»);
- etc.

Por tanto, es esencial que tus actos sean coherentes con tus pensamientos. Al ir en contra de tus creencias, tendrías que consentir una frustración o un malestar que acabaría por modificar o bien tu estado mental (indiferencia, falta de autoestima, etc.), o bien tu actitud (deslealtad hacia la empresa, falta de circulación de datos, etc.).

LA IMPORTANCIA DE SER UNO MISMO EN LA OFICINA

Para sentirse satisfecho, es necesario poder ser uno mismo. No intentes ser o parecer otro en el trabajo. Por supuesto, no se trata de ser como eres en tu papel de padre o madre, de amigo o de hijo.

Intenta visualizar tu «yo profesional»: ¿cuáles son tus competencias? ¿Cuáles son tus necesidades? ¿Quieres formarte? ¿Tener responsabilidades? No busques gustar a todo el mundo ni asumir un papel. Desarrolla una personalidad profesional sana cargada de competencias útiles. Si eres tímido, no intentes ir demasiado deprisa o forzarte, sino acercarte de forma natural a los demás. Si, por el contrario, eres más extrovertido, no te contengas.

Expresa lo que sientes, lo que piensas de tal o cual proyecto: da tu opinión sobre la forma de resolver un problema. Pero, atención: a veces es mejor tomar distancia y contenerse. Por ejemplo, evita evita hablar cuando estás enfadado o contarlo todo sobre tu vida privada.

Algunas personas, a menudo mujeres, se quejan de tener una apariencia que no inspira respeto. Para compensarlo, recurren a una vestimenta que juzgan «seria» y se construyen un perfil profesional que las aleja de su personalidad más profunda. Si te ves reflejado en este caso, infórmate sobre psicología más que sobre los signos exteriores de la personalidad. Refuerza tu confianza en ti mismo y enfréntate al problema antes de tomar una apariencia que, en realidad, se corresponde con una falsa imagen de quien eres.

Ser tú mismo en la oficina te permitirá sentirte más libre y beneficiarte de un cierto bienestar, dos cosas esenciales para tu satisfacción laboral.

OTRA FAMILIA

A veces, algunas empresas se convierten en una segunda familia. La calidad de las relaciones con nuestros colegas desempeña un papel importante en nuestra satisfacción profesional: un buen ambiente siempre será más agradable y productivo que una atmósfera tensa. No obstante, ten cuidado de que tu posición psicológica te haga feliz. Procura no instrumentalizar tus relaciones de trabajo, reproducir un esquema o compensar desequilibrios que vives o has vivido en la esfera privada.

TENER CONFIANZA EN UNO MISMO

Lograr la satisfacción sin tener confianza en uno mismo es un sueño imposible. La autoconfianza es necesaria para actuar, enfrentarse a nuevos desafíos y también en tus relaciones con los demás. Por consiguiente:

- **intenta cuidarte más**. Sentirte bien en tu propio cuerpo te ayudará a estar bien psicológicamente. Si quieres hacer deporte pero no tienes tiempo, dite a ti mismo que diez minutos cada dos días es mejor que nada. Si crees que das mala imagen, concierta una cita con un asesor de imagen. En cuanto a la dieta, ¿has pensado en cambiar tu alimentación? Cada persona debe encontrar el estilo alimentario que le conviene. Siguiendo esta lógica, Internet está lleno de herramientas prácticas y de consejos de coaches;
- **acepta tus errores y no te culpes.** Aprender de ellos te ayudará a avanzar. Cuando hayas pedido disculpas, podrás pasar página y pasar por alto las críticas o burlas de tus colegas;
- **mantén una actitud abierta y sincera.** Oblígate a expresarte cuando te encuentres frente a situaciones que no te convienen. Si eres de naturaleza tímida, hazlo sin largos argumentos. Manifiesta lo que piensas con humildad;
- **acepta los cumplidos.** Siempre vienen bien. Todos poseemos cualidades y defectos, así que ¿por qué privarnos de reconocimiento? Si sientes que es ilegítimo, guárdate ese pensamiento para ti mismo y conténtate con el re-

conocimiento. Tendrás la ocasión de analizar lo que tus compañeros aprecian;

- **reivindica tu sitio en tu empresa de forma positiva.** Tienes que estar orgulloso de tu trabajo y ser consciente de que, al reivindicarlo, felicitas a toda la estructura. No es pretencioso describir la realidad: tu lugar cuenta en la empresa y te gusta tu función.

Según Yves Morieux, director asociado de una gran consultoría, los sistemas actuales de gestión están obsoletos y dañan a los trabajadores, provocando falta de compromiso, desgaste profesional y malas relaciones. De esta forma, establece «seis reglas de simplicidad inteligente» cuyo objetivo es mejorar el ambiente de trabajo y el rendimiento:

- entender qué hacen los compañeros en la oficina;
- permitir que los mánagers de la empresa refuercen las acciones de los empleados;
- aumentar el poder de decisión de los empleados;
- tener en cuenta el futuro próximo y las repercusiones de la calidad de los servicios o de los productos de la empresa;
- estimular la cooperación entre compañeros;
- no culpar por cometer errores, sino por el hecho de no pedir ayuda o de no ayudar.

SER CONSCIENTE DE TUS PUNTOS FUERTES

En el mundo profesional, tus puntos fuertes se agrupan en tus conocimientos, tus cualidades y en los rasgos de tu carácter que son útiles en tu trabajo. Por consiguiente, ser consciente de todos ellos te llevará a valorar tus puntos fuertes ante un empleador:

- cuestiónate su plusvalía comparando tu perfil con las posibles salidas laborales. Por ejemplo, tus competencias en ciertos programas informáticos están obsoletas, pero ¿te sigue interesando tu profesión? No dejes que esas lagunas sean un obstáculo y ponte al día gracias a las numerosas formaciones que se ofrecen. No dudes en profundizar en tus competencias y en avanzar en tu profesión;
- pregúntate si esos puntos fuertes te hacen feliz. Por ejemplo, tienes talento para la contabilidad, pero sueñas con trabajar en un jardín. En ese caso, libérate de lo que sabes hacer y aprende a hacer lo que crees que es bueno para ti.

Frecuentemente ignoramos o quitamos valor a nuestras propias fortalezas. Si eres discreto, por ejemplo, destaca tu delicadeza, tu capacidad de escucha o tu precisión en el análisis. El autodominio de un miembro del personal permite a menudo que un equipo funcione de manera más armoniosa. Si, en otro caso, tienes la sensación de ser el que permite avanzar, reflexiona sobre tu plusvalía para la empresa: ¿no se aborda gracias a ti cada cuestión en profundidad? ¿Acaso no tienes la capacidad de ir más lejos que los demás cuando se trata de reflexionar sobre todos los parámetros de una problemática?

EL MBTI

El test MBTI *(Myers Briggs Type Indicator)* es un estándar mundial patentado que identifica 16 perfiles psicológicos (existe gratuito en línea). Te da indicaciones sobre tu manera de recuperarte, de reflexionar, de enfrentarte a los acontecimientos y de decidir. El perfil que revela es extremadamente interesante, pues permite conocerse mejor y estar capacitado para confirmar su buen camino o para modificarlo con conocimiento de causa.

ATENCIÓN

Si te ofrecen un ascenso, piensa en el principio de Peter, que afirma que, en una jerarquía, todo empleado tiende a ascender hasta su nivel de incompetencia. Tu talento puede hacerte subir de nivel y acceder a funciones que no se corresponden con tus competencias ni con tus deseos. Presta también atención a los cambios en tu función. En cambio, ¿Por qué no aprovechar tus conocimientos para formar a tus compañeros?

El principio de Peter

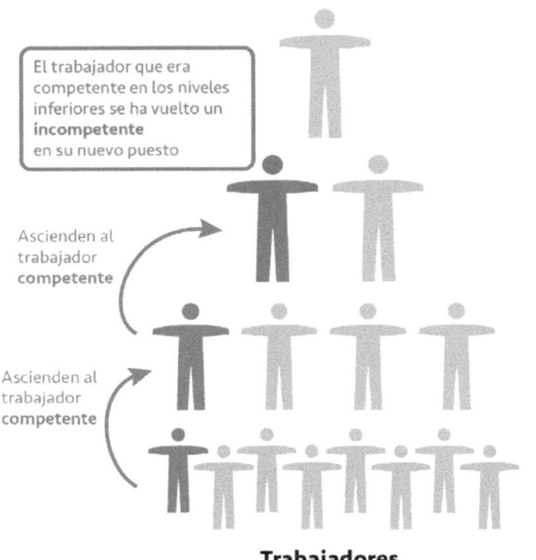

ENTREGARSE AL 100% Y SER OPTIMISTA

«Elige un trabajo que te guste y no tendrás que trabajar ni un día de tu vida». Confucio.

La pasión puede ser un elemento esencial en la satisfacción laboral, ya que te hace olvidar las obligaciones de tu trabajo. Un trabajo apasionante es aquel que se corresponde con tu personalidad y con tus puntos fuertes, es decir, aquel en el que te ves reflejado.

Pero, ¿entonces es necesario ser apasionado para ser feliz? No, puedes quedarte tranquilo. Aunque la pasión desempeña un papel en nuestro desarrollo personal, no es indispensable para nuestra felicidad, y podemos sentirnos satisfechos sin ella. Si tu profesión o tu función no te apasiona especialmente, entrégate al 100% en todo lo que haces para compensarlo y sobre todo, disfruta. Si te aburres, intenta encontrar nuevos desafíos que te estimulen.

Otro elemento importante: ser positivo. En un vídeo, el psicólogo Shawn Achor afirma que la felicidad no procede de los triunfos, sino que los precede. El sentimiento de felicidad crea recursos suplementarios que nos hacen ser más eficaces.

Da lo mejor de ti mismo, cree en ti. Desarrolla todo lo que creas que tiene importancia. Muchos estudios científicos han demostrado que una persona positiva es más eficaz y competente que una persona negativa o de carácter neutro, así que empieza a sonreír con confianza.

PEQUEÑO PLUS

En su libro *Trop de coachs crèvent de faim*, Alain Samson describe las acciones concretas que hay que llevar a cabo para avanzar en la carrera de coach, precisando que sus consejos también van dirigidos a aquellos que estén desarrollando su propia empresa. En este punto, te invitamos a que imagines que eres el jefe de tu empresa. Tu único producto eres tú mismo, lo que eres y aquello que eres capaz de hacer. Esto es lo que le vendes cada día a la empresa para la que trabajas. Es un buen producto que merece tener éxito. Si te cuesta imaginarte vendiéndote a un buen precio, puede que esta frase de Alain Samson te haga cambiar de opinión:

> «Vender es ser capaz de transferir entusiasmo»[2] (Samson 2011, 36).

EL EQUILIBRIO ENTRE LA VIDA PROFESIONAL Y LA VIDA PRIVADA

Todos sabemos que este equilibrio es esencial para sentirse satisfecho, pero todos nos encontramos en algún momento con ocasiones en las que objetar esos famosos «sí, pero» que contradicen la lógica. Quieres preservar tu vida privada, pero:

- la reunión de la semana que viene es crucial;
- tu jefe te observa de reojo;
- tus compañeros te dan la oportunidad de destacar debido a su falta de compromiso;
- crees en tu trabajo;
- tienes que entregarte al 100% para acceder al puesto superior que te has fijado.

Todas estas razones pueden ser pertinentes, o no. Lo que marcará la diferencia es el impacto que tienen en tu bienestar. En efecto, si privilegias la esfera profesional en detri-

---

2. Cita traducida por 50Minutos.es

mento de la personal, ¿puede que haya alguien que sufra por tu ausencia y tu lejanía? ¿Ves a tus hijos lo suficiente, tu marido se siente apoyado, tu mujer se siente a menudo sola? Aunque es bueno fijarse un objetivo profesional, este debe sin lugar a dudas tener en cuenta tu entorno. En la jerga de los coaches, lo llamamos «ecología». Sé eco: piensa en fijarte límites, y perfecciónalos teniendo en cuenta a aquellos a los que les puede afectar tu entrega profesional. De esta manera, no te arrepentirás más adelante. Estos son algunos consejos que te ayudarán a instaurar este equilibrio:

- aprende a decir «no» cuando estés agotado;
- haz varias pausas a lo largo de la jornada y una más larga a mediodía para desconectar;
- participa en actividades fuera del trabajo (haz deporte, ve al cine, etc.);
- determina el estado de tu vida personal o familiar: ¿está tu entorno contento con el lugar que ocupa para ti?
- no cuentes toda tu vida en el trabajo, guárdate las confidencias para tus amigos;
- en cambio, intenta ver a tus colegas como son y apreciar los rasgos positivos de su actitud;
- evita el comadreo y mantente profesional en cualquier situación. El trabajo sigue siendo el trabajo, y no tiene que transformarse en un teatro;
- tu trabajo no tiene por qué ser tu pasión: participa en actividades que te interesen fuera de la oficina;
- si tu trabajo pone en riesgo tu salud, toma las riendas de la situación y consúltalo sin demora.

LA IMPORTANCIA DE LA SALUD Y DE LA SEGURIDAD

La salud es un elemento esencial en tu vida. Esto puede parecer evidente y, no obstante:

- ¿Se te ha ocurrido alguna vez comprobar que tu silla está bien ajustada y que te permite mantener una buena postura?
- ¿La pantalla es cómoda para tus ojos?
- ¿Hay suficiente luz en tu oficina?
- ¿Bebes agua y almuerzas de verdad a mediodía en vez de comer snacks?

Haz tus propias observaciones y tómate el tiempo necesario para pensar en tu salud. Toma nota de todo aquello que pueda ponerla en peligro. Los consejos básicos (postura, pantalla, pausa) son esenciales a largo plazo, porque tu cuerpo no dudará en llamarte la atención si lo has tratado mal. Una revisión médica te ofrecerá un punto de vista objetivo sobre tu estado de salud actual.

La seguridad se rige por normas y el marco legal de cada actividad debe ser respetado. La seguridad en tu lugar de trabajo, tanto física como moral, debe estar garantizada. No te tomes a la ligera las normas que han establecido los profesionales, a menudo como respuesta a una situación que ha empeorado. Prestando atención se podrán eliminar todos los peligros que tu empleador podría hacerte correr, tanto a ti como a tus compañeros. No dudes en consultar a tu sindicato o a cualquier otro organismo al servicio de los trabajadores si tienes preguntas.

LOS MEJORES CONSEJOS

- Calibra a menudo tu situación, toma distancia. ¿Eres feliz? ¿Te sientes realizado? Si no es así, ¿qué te falta o qué te molesta? Aprende a detectar lo que no te conviene y actualiza una lista de objetivos que te ayude a proyectarte.
- Dedica tiempo cada mañana a leer o a pensar en tus objetivos. Reflexiona sobre hacia dónde vas. Busca en cada detalle de tu día una oportunidad para encarnar esa persona satisfecha —física y mentalmente— que quieres ser.
- Sé coherente y realista. No puedes pedir más responsabilidades y a la vez más tiempo libre: no se puede tener todo. Si queremos evitar la frustración, tenemos que poder renunciar a algunas cosas que deseamos y hacer concesiones.
- Sé creativo y toma la delantera: ofrécele a tu empresa lo mejor que tengas. Prepara, argumenta y defiende nuevos proyectos. Forma parte de tu deseo de progreso.
- Encárgate de repartir en tu agenda las tareas que más te gustan para poder tener sensaciones positivas con regularidad. Gestiona el tiempo del que dispones para alimentar un pensamiento positivo y cambia tus hábitos si es necesario.
- Crea momentos de convivencia auténtica con compañeros positivos. Si estás atrapado con colegas tóxicos y con malas lenguas, intenta darte cuenta de lo que te pasa. Existen numerosos recursos para analizar las relaciones humanas; infórmate sobre lo que te atrae y lo que te

plantea un problema, analiza los juegos inconscientes en los que desafortunadamente participas. Entiende por qué sufres por algunas actitudes, y aprende a salir de esos juegos.

- Sé eficaz: el desgaste laboral no es un estado, sino un proceso: si te pasas el tiempo quejándote de tu trabajo o si ya no te interesa, empieza a preguntarle a tu entorno. ¿Has perdido el rumbo? ¿Las ganas de vivir? Si lo necesitas, consulta a un coach o un terapeuta.
- Fija un límite. Si, a pesar de tus esfuerzos, tu trabajo te pesa, solo quedan dos opciones: asumirlo o dejarlo. Determina el período que le concedes a ese trabajo para que te satisfaga, entrégate al 100% en lo que haces para que la situación mejore. Cuando llegue el día D, decide y asume tu elección. Si lo que no te conviene es el puesto y no la empresa, intenta hablarlo con el responsable de recursos humanos para buscar una situación en la que todos salgáis ganando.
- Date tiempo y espacio. Toma tiempo para recuperarte y valorarte. Solo después de descansar, y de hacerlo de verdad, podrás proyectarte en un futuro a la altura de tus aspiraciones.

PREGUNTAS FRECUENTES

¿CUÁLES SON LOS ELEMENTOS ESENCIALES QUE LLEVAN A LA SATISFACCIÓN LABORAL?

Ya habrás recorrido la mitad del camino al preguntarte cuáles son tus motivaciones y qué te parece primordial en el trabajo. Ahora solo falta que te detengas en cada detalle encontrado para sacarle el mejor partido posible. En esta reflexión, no elimines nada que pueda parecerte ilegítimo o ridículo. Solo podrás identificar lo que te motiva y lo que te ayudará a lograr la satisfacción si haces estas dos listas.

¿SE ENCUENTRA ESTA SATISFACCIÓN AL ALCANCE DE TODOS?

Lo cierto es que sí, siempre que le pongamos precio. Todas las situaciones tienen desventajas. La cuestión es elegir lo que menos te cueste. Por ejemplo, si tu salud ya no te permite seguir el ritmo de trabajo que tu función actual te impone, dimite, incluso si te parece muy duro. La clave está en ser lúcido y asumir tus elecciones.

¿CÓMO INICIAR UN CAMBIO POSITIVO?

No existe un mejor momento para actuar que el presente; las cosas siempre pueden empeorar sin que puedas controlarlas. En cambio, el que mejoren depende de ti. A partir de ahora, saborea los detalles positivos de tu día, y no te pierdas nada.

¿CÓMO COMUNICARME CON MI JEFE?

¿Quieres cambiar tu horario o tu función? Necesitas que tu jefe te escuche. Si argumentas con convicción, entrega y entusiasmo, tu jefe escuchará con atención tus propuestas. Si el cambio no le conviene, tú decides si es realmente lo que quieres en tu vida profesional.

MI JEFE ES UNA PERSONA CERCANA

Los lazos afectivos que se crean en el trabajo pueden transformarse en nudos difíciles de deshacer. Si elegir ser leal a un pariente/persona cercana para la que trabajas te cuesta la salud o tu alegría de vivir, cuestiónate el valor de ese vínculo afectivo.

¿CÓMO ALCANZAR LA SATISFACCIÓN EN UN ENTORNO PROFESIONAL TÓXICO?

Por desgracia, no es posible. Si has intentado sinceramente aportar positivismo a tu entorno laboral y has llegado a la conclusión final de que se trata de un problema sistémico, desiste. Si tu situación financiera o familiar no te permite dejar tu trabajo, despliega los medios necesarios para lograr tu nuevo objetivo: encontrar otro trabajo.

¿CÓMO ME PERCIBIRÁ MI ENTORNO SI VUELVO A DEJAR MI PUESTO?

Procura no meter en el mismo saco todas tus experiencias

profesionales. Cada dimisión es fruto de un proceso en el que no eres el único elemento determinante. Además, la persona que eres hoy tiene más experiencia y madurez. Esa persona actúa de ahora en adelante para lograr sentirse realizada, y eso es lo único que cuenta.

ME DA MIEDO QUE CREAN QUE SOY EXTRAVAGANTE, ¿QUÉ HAGO?

Sé extravagante. Si has decidido no ser el payaso de turno, asumir más responsabilidades o acabar con los cotilleos de la pausa del café, actúa en consecuencia. Abandona el papel que te habías asignado en el equipo. Visualiza la persona que quieres ser y no te despegues de esta imagen. La sensación de equivocarse de escenario desaparecerá poco a poco.

¡ATENCIÓN!

Todo cambio provoca resistencias, y las primeras son las tuyas. Después llegan las de los demás, y lo que estas pueden provocar en ti. No las consideres obstáculos, sino etapas que también tienes que superar para alcanzar tu objetivo. No dejes que la agitación de los que te querían «antes» te frene. ¡Has decidido sentirte satisfecho en el trabajo, con determinación y concentración, así que ve hasta el final!

¿SE PUEDE CAMBIAR DE PROFESIÓN A MITAD DE LA CARRERA PROFESIONAL?

Piensa en todos los que lo han hecho, por convicción o por obligación: todo es cuestión de motivación. Puede que busques poner punto final a una situación dolorosa, o que simplemente te hayas dado cuenta de que tu empleo ya no te interesa. Si te atrae otro tipo de profesión, existen numerosas formaciones disponibles en horario de tarde o en línea para que enfoques tu carrera en otra dirección.

¡AHORA ES TU TURNO!

TODO EMPIEZA CON TU PROYECTO

Este ejercicio de visualización te llevará poco tiempo. Imagínate que nos volvemos a encontrar en un año. Sí, ¡un año después de esta lectura! Has realizado los cambios necesarios e incluso te sientes feliz en el trabajo. ¿Qué responderías a estas preguntas?

- ¿Cuáles son las tres cosas que más te gustaban de tu trabajo? (Ganar más dinero, trabajar para una causa útil, salir antes del trabajo, ser valorado por tus colegas, explotar tu potencial, etc.)
- ¿Qué habría cambiado en tu vida privada? Cita tres elementos. (Vuelves a casa contento, tienes más tiempo para tus seres queridos, estás menos cansado, tienes nuevas aficiones, vistes de otra manera, etc.)
- ¿Qué sentirías ante la idea de haber logrado un cambio en tu vida profesional? (¿Estás orgulloso? ¿Aliviado? ¿No sabes por qué has esperado tanto?)
- ¿Cuáles han sido los daños colaterales? ¿Por qué? (¿Tu familia tiene menos ingresos? ¿Un colega te reprocha que te hayan promovido?)

Lee tus respuestas y céntrate en tus sensaciones físicas. ¿Te sientes sofocado? ¿Te sientes aliviado? ¿Se te ilumina la cara?

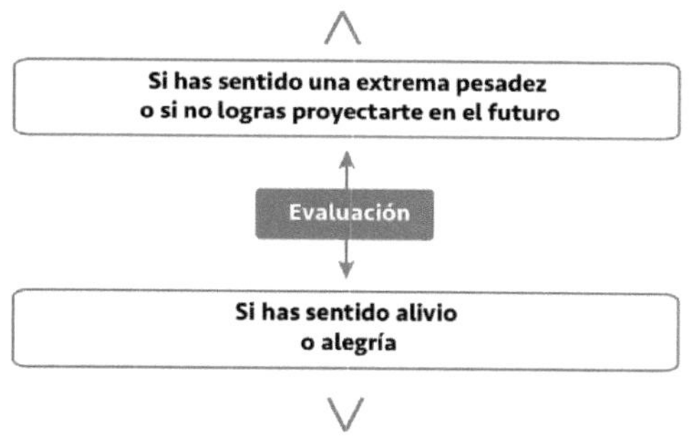

PROGRAMA TU SATISFACCIÓN

No te preguntes sobre la fecha en la que quieres cambiar: ya has iniciado el camino hacia tu objetivo de satisfacción al leer este libro. Aprovecha el impuso y continúa un poco más.

Nombra una acción concreta que, en los próximos tres días, te permita acercarte a este nuevo objetivo. Esto puede parecer una pequeñez (tomar una pausa fuera, reorganizar tu despacho, etc.) o un gran paso (concertar una cita con tu médico o con un coach, preparar un nuevo proyecto y presentárselo a tu jefe, comprar un libro sobre un tema relacionado, etc.).

MAÑANA POR LA MAÑANA: COMPROMISO

Cuando te despiertes, cree en ti mismo. Pon un Post-it® en el espejo del baño si es necesario, pero dite a ti mismo que la persona más feliz de la oficina eres tú. Si aún no es el caso, lo será pronto.

¡Tu opinión nos interesa!
¡Deja un comentario en la página web de tu librería en línea,
y comparte tus favoritos en las redes sociales!

PARA IR MÁS ALLÁ

FUENTES BIBLIOGRÁFICAS

- Achor, Shawn. 2011. "Shawn Achor: l'heureux secret d'un meilleur travail". *Ted*. Mayo. Consultado el 25 de julio de 2015. http://www.ted.com/talks/shawn_achor_the_happy_secret_to_better_work?language=fr
- Ariely, Dan. 2012. "Qu'est-ce qui nous apporte de la satisfaction dans notre travail?". *Ted*. Octubre. Consultado el 25 de julio de 2015. http://www.ted.com/talks/dan_ariely_what_makes_us_feel_good_about_our_work?language=fr
- Desrumaux, Pascale. "Le travail, risque psychosocial ou facteur d'épanouissement ?". *Le Journal des psychologues 10/2010*, n.º 283, 26-30. Consultado el 25 de julio de 2015. http://www.cairn.info/revue-le-journal-des-psychologues-2010-10-page-26.htm
- Jul, Pépin Claude. 2013. *Platon La gaffe, Survivre au travail avec les philosophes*. Bruselas: Éditions Dargaud.
- Morieux, Yves. 2013. "6 règles pour simplifier le travail de plus en plus complexe". *Ted*. Octubre. Consultado el 25 de julio de 2015. https://www.ted.com/talks/yves_morieux_as_work_gets_more_complex_6_rules_to_simplify?language=fr
- Samson, Alain. 2011. *Trop de coachs crèvent de faim*. Montreal: Beliveau Éditeur.
- Verboomen, Gabriel. 2014. *Le seuil d'incompétence de Peter*. Namur: Lemaitre Publishing.

FUENTES COMPLEMENTARIAS

- Arte TV. Consultado el 25 de julio de 2015. http://info.
arte.tv/fr/le-bonheur-au-travail
- Monsempes, Jean-Luc. "Le bonheur pour réussir'.
Institut Repère. http://www.institut-repere.com/Videos/
le-bonheur-pour-reusir.html
- Test MBTI. Consultado el 25 de julio de 2015. http://
www.analyse-transactionnelle.com/Mbti/Mbti.html
- Winget, Larry. 2013. *Arrête de te plaindre et bouge-toi.*
París: Leduc.s éditions.

PELÍCULAS Y DOCUMENTALES

- *La vida secreta de Walter Mitty.* Dirigida por Ben Stiller,
con Ben Stiller, Shirley MacLaine y Sean Pen. Estados
Unidos: 20th Century Fox, Red House Entertainment y
Truenorth Productions, 2013.
- *Felicidad en el trabajo.* Dirigido por Martin Messonnier.
Francia: Arte France y Campagne Première, 2015.
- *Sí, pero...* Dirigida por Yves Lavandier, con Émilie
Dequenne y Gérard Jugnot. Francia, 2001.
- *Estupor y temblores.* Dirigida por Alain Corneau, con
Sylvie Testud y Kaori Tsuji. Francia, 2003.

¡APRENDER NUNCA ANTES FUE TAN RÁPIDO!

www.en50minutos.es